París

30 EXPERIENCIAS

POR THOMAS JONGLEZ

EDITORIAL JONGLEZ

Guías de viaje

"PARÍS ES UNA FIESTA"

ERNEST HEMINGWAY

París es mi ciudad.

Nací allí y crecí allí.

Suelo marcharme a menudo.

Siempre vuelvo.

Sigo yendo a sus cafés, a sus restaurantes, a sus tiendas, incluso a sus hoteles, y sigo visitando su patrimonio (con una predilección por los lugares secretos).

Una cosa que me encanta especialmente de París es que no te aburres nunca. Es una ciudad perfecta para pasear a pie, un poco al azar, siempre, y digo siempre, con la garantía de hacer nuevos y enriquecedores descubrimientos: alguien desconocido en una mesa vecina en un café con quien me gusta entablar una conversación, una nueva tienda, un nuevo bistró, un museo que ha renovado su exposición, un nuevo lugar secreto...

Llevo más de 30 años recorriendo con pasión las calles de mi ciudad. He escrito un libro sobre sus tiendas insólitas, otro sobre sus bares y restaurantes secretos, un tercero sobre sus noches únicas y, por último, uno sobre su patrimonio secreto: una guía titulada *París insólita y secreta*. Solo esta última se sigue publicando.

Por lo demás, he tardado en decidirme a extraer la quintaesencia de mis investigaciones y reunir mis lugares favoritos, los de toda una vida de peregrinación. Notarás que la selección es muy personal, por supuesto. He incluido algunos lugares secretos. Otros lo son menos, pero el denominador común de todos estos sitios es que cada vez que salía de ellos me decía a mí mismo: «¡Oh!, ¡qué momento tan excepcional acabo de vivir!». No solo bueno (si no, esta guía tendría 1000 páginas), sino excelente. Una especie de «lo mejor de lo mejor de la ciudad». Porque París no tolera la mediocridad. París se merece lo sobresaliente.

Puede que no siempre estés de acuerdo, puede que tengas otras sugerencias. No lo dudes y escríbeme, estaré encantado de seguir con mis descubrimientos y añadir algunos en la próxima edición.

¡Disfruta mucho!

Thomas Jonglez
thomasjonglez@editionsjonglez.com

EN ESTA GUÍA
NO VAS A ENCONTRAR

- El plano de metro
- Cómo ir a Disneyland
- Los restaurantes con estrella Michelín más aburridos
- Los lugares de los que todo el mundo habla en Instagram
  y que habrán cambiado o desaparecido dentro de 6 meses

EN ESTA GUÍA
SÍ VAS A ENCONTRAR

- Cómo observar las estrellas en la Sorbona
- Las bibliotecas más bonitas
- Un bistró que no ha cambiado desde hace 50 años
- Los lugares secretos más bonitos donde besarse en París
- Los mejores hoteles con encanto donde a veces los parisinos
  también se quedan a dormir
- Dónde escuchar jazz en un club privado abierto al público
  previa reserva
- El paseo más romántico de París
- El restaurante más bonito del mundo

LOS SÍMBOLOS DE
PARÍS - 30 EXPERIENCIAS

Menos
de 20 €

De
20 a 100 €

Más
de 100 €

Se aconseja
reservar

Donde besarse
en París

Los horarios de apertura suelen variar
con frecuencia, consúltalos también
en la web del lugar.

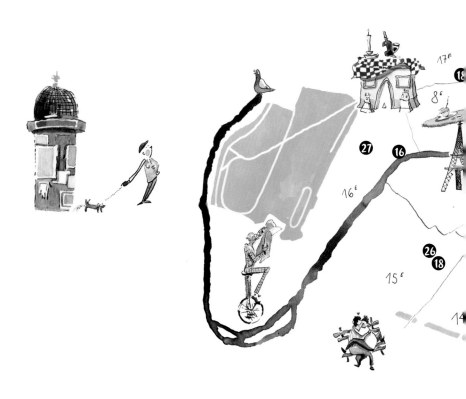

30 EXPERIENCIAS

LA MEJOR
BAGUETTE
DE PARÍS

Si no tienes la suerte de tener una panadería de primera categoría cerca de tu casa o, peor aún, si no vives en París, te estás perdiendo uno de los mayores placeres de la vida: comer una *baguette* tan tan rica que te la comes como un bizcocho, sin mantequilla ni mermelada.

Para eso, te sugerimos que vayas a una de las panaderías que figuran en el palmarés del concurso anual de la mejor baguette de París. No te equivocarás.

Inscrita en el patrimonio cultural de la humanidad de la Unesco, la *baguette* es el símbolo francés por excelencia. Al año se producen hasta 6000 millones en Francia. Cada año se celebra un concurso en el que participan entre 150 y 200 panaderías parisinas para elegir las 10 mejores *baguettes* de la ciudad.

Además de la gloria, el ganador recibe el inmenso honor de convertirse en el proveedor oficial del presidente de la República y del palacio del Elíseo durante un año.

Si vas a la panadería ganadora, puedes comer la misma *baguette* que el presidente francés y sus invitados VIP habituales.

Requisitos para los panaderos: las *baguettes* tienen que medir entre 50 y 55 centímetros de largo, pesar entre 250 y 270 gramos, y tener un contenido en sal no superior a 18 gramos por kilo de harina. Cada participante en el concurso debe elaborar 40 *baguettes*.

ESTOS SON LOS GANADORES DE 2024, POR ORDEN:

1. **BOULANGERIE UTOPIE** - 20, rue Jean-Pierre-Timbaud (dist. 11)
2. **MAISON DORÉ** - 29, rue Gay-Lussac (dist. 5)
3. **LA PARISIENNE** - 85, rue Saint-Dominique (dist. 7)
4. **BOULANGERIE ROUGÈS** - 45, avenue de Saint-Ouen (dist. 17)
5. **L'ÉCRIN GOURMAND** - 15, av. du Docteur-Arnold-Netter (dist. 12)
6. **BOULANGERIE AA** - 63, rue du Javelot (dist. 13)
7. **BOULANGERIE PARIS AND CO** - 4, rue de la Convention (dist. 15)
8. **MAISON M** - 2, avenue de la Porte-Didot (dist. 14)
9. **AUX DÉLICES DE VAUGIRARD** - 48, rue Madame (dist. 6)
10. **DU PAIN ET VOUS** - 63, avenue Bosquet (dist. 7)

LAS BIBLIOTECAS
MÁS BONITAS
DE PARÍS

Si nunca has estado en las aulas de una universidad de París, es probable que nunca hayas entrado en estas bibliotecas parisinas que figuran, obviamente, entre las más bonitas del mundo.

Una pena porque el esplendor de su arquitectura supera la de todos los museos, con la ventaja (en la mayoría de ellas) de que entras gratis mostrando el carné de identidad. Así que nada te impide ir a sentarte un rato e impregnarte de la belleza del lugar.

La única excepción es la impresionante sala Labrouste del sitio Richelieu, cuna histórica de la Biblioteca Nacional de Francia (distrito 2) y recientemente renovada, que está reservada a los investigadores. La puedes admirar desde la entrada (salvo los domingos).

 SITIO RICHELIEU DE LA BIBLIOTECA NACIONAL DE FRANCIA
5, RUE VIVIENNE
75002 PARIS

Sala Labrouste **(1861-1868)**	LUN: 14:00-19:30 MAR-VIE: 9:00-19:30 SÁB: 9:00-18:30 DOM: cerrado	**Sala Ovale** **(1897-1932)**	LUN: 14:00-19:00 MAR: 10:00-20:00 MIÉ-VIE: 10:00-19:00 SÁB-DOM: 10:00-18:00	+33 1 53 79 59 59 Metro: Bourse

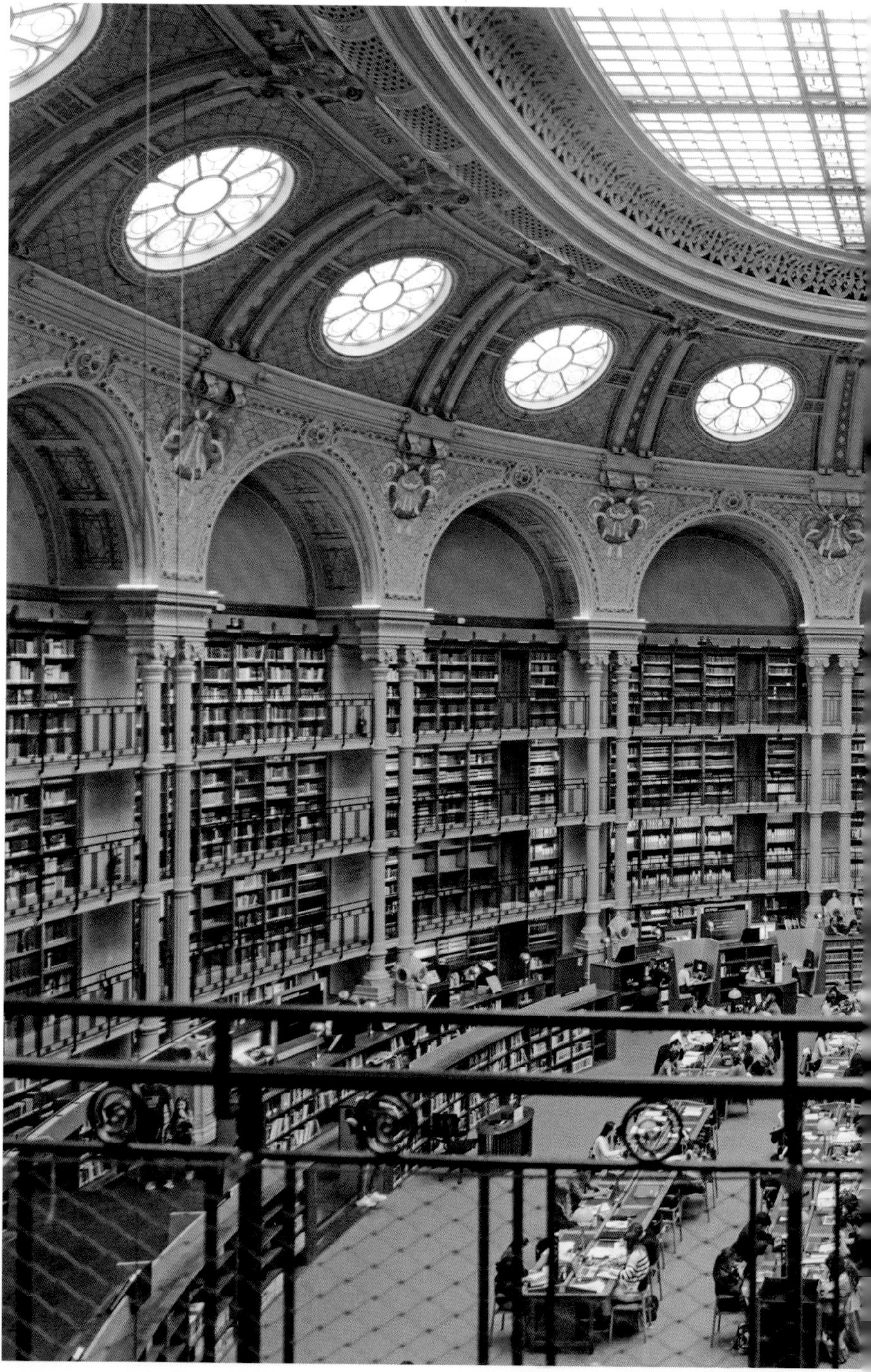

BIBLIOTECA INTERUNIVERSITARIA DE LA SORBONA (1770)
17, RUE DE LA SORBONNE
75005 PARIS

LUN-MAR-MIÉ-VIE: 9:00-20:00 JUE: 12:00-20:00 SÁB: 10:00-19:00 DOM: cerrado	+33 1 40 46 30 97 Acceso reservado a estudiantes, profesores, investigadores y editores	Metro: Maubert-Mutualité

BIBLIOTECA MAZARINE (1643)
23, QUAI DE CONTI
75006 PARIS

LUN-SÁB: 10:00-18:00 DOM: cerrado	+33 1 44 41 44 06 bibliotheque-mazarine.fr	Metro: Pont Neuf

BIBLIOTECA DEL SENADO (1841)
15, RUE V AUGIRARD
75006 PARIS

Abierta durante las Jornadas Europeas del Patrimonio	Galería de 52 metros de largo, techo pintado por Delacroix	Metro: Odéon

ANEXO DE LA BIBLIOTECA DEL SENADO (1642)
15, RUE V AUGIRARD
75006 PARIS

Abierta durante las Jornadas Europeas del Patrimonio	El edificio fue el primer museo de Europa a mediados del siglo XVIII	Metro: Odéon

BIBLIOTECA HISTÓRICA DE LA FACULTAD DE MEDICINA (1891)
12, RUE DE L 'ÉCOLE DE MÉDE CINE
75006 PARIS

LUN-SÁB: 9:00-20:00 DOM: cerrado	Metro: Odéon

© JOËL GALERAN

BIBLIOTECA DEL HÔTEL DE VILLE (1890)
5, RUE LOBAU
75004 PARIS

LUN-VIE: 9:30-18:00
SÁB-DOM: cerrado

Metro: Hôtel de Ville

BIBLIOTECA SAINTE GENEVIÈVE (1851)
10, P LACE DU P ANTHÉON
75005 PARIS

| LUN-SÁB: 10:00-22:00
DOM: cerrado | +33 1 44 41 97 97
bsg.univ-paris3.fr | Metro: Cluny-La Sorbonne |

DOS BISTRÓS
QUE NO HAN CAMBIADO
DESDE LOS AÑOS 50

> **Au Petit Bar:** Escondido a 100 metros de la rue Saint-Honoré y de sus tiendas de lujo, Au Petit Bar es un lugar poco común en París, desconocido incluso para muchos parisinos.

No hay wifi, no admiten tarjeta, la decoración no ha cambiado en siglos, la bienvenida es cordial, la cocina, casera y de calidad, tiene un precio muy razonable, y tienen hasta un teléfono de los años 80 en el mostrador de la entrada que funciona realmente…

La carta ofrece algunos entrantes clásicos y un único plato del día que cambia todos los días: puchero de cerdo con lentejas, ternera asada casera, etc. Dos o tres postres y todo listo. Habrás pasado un rato estupendo en un ambiente agradable donde todo el mundo habla entre sí.

¡Nos encanta!

 AU PETIT BAR
7, RUE DU MONT THABOR
75001 PARIS

| LUN-SÁB: 7:00 – 21:30 | +33 1 42 60 62 09 | Metro: Tuileries |

© GAELLEFUZET

> **Le Vaudésir:** Lejos, muy lejos de los barrios turísticos, Le Vaudésir es un bistró a la antigua usanza: decoración de época (principios del siglo XX), plato del día a 8,90 €, cocina casera, ambiente sin pretensiones donde todo el mundo habla y animado por un propietario acogedor... ¡Nos encanta!

Si buscas el París de antaño, lo encontrarás aquí, a dos pasos del hospital Sainte-Anne.

 LE VAUDÉSIR
41, RUE DAREAU
75014 PARIS

| LUN: 7:30-15:30 MAR-VIE: 7:30-23:30 SÁB: 17:00-23:30 DOM: Cerrado | +33 1 43 22 03 93 | Metro: Saint-Jacques o Mouton-Duvernet |

LA QUINTAESENCIA DE LA ELEGANCIA Y **DEL *CHIC* PARISINOS**

Fundada en 1996 a dos pasos del Louvre, Astier de Villatte es una pequeña *boutique* excepcional que muchos consideran la quintaesencia de la elegancia y del *chic* parisinos.

Con una decoración 100 % parisina y un encanto increíble (un suelo de madera que chirría o un lavabo antiguo frente a una escalera de época), en ella encontrarás las magníficas cerámicas artesanales que han hecho famosa a esta tienda, así como perfumes, velas, etc.

Es caro, evidentemente, pero el refinamiento tiene su precio… Así que, ¿por qué no regalarte un plato de vez en cuando, como hacen algunos, para formar con el tiempo un juego de platos completo y deliberadamente desparejado?

ASTIER DE VILLATTE
173, RUE SAINT-HONORÉ
75001 PARIS

LUN-SÁB: 11:00-19:00   astierdevillatte.com   Metro: Pyramides, Tuileries, Palais-Royal - Musée du Louvre

ALMOZAR O ESCUCHAR JAZZ EN UN CLUB
SUECO PRIVADO

Escondido en la segunda planta de un edificio de la rue de Rivoli, a dos pasos de la place de la Concorde, el Cercle Suédois es un club privado secreto que abre sus puertas al público en dos ocasiones: entre semana para almorzar y los miércoles por la noche para las veladas de jazz.

En el salón principal que da directamente al jardín des Tuileries, puedes disfrutar de una cocina bien ejecutada de inspiración evidentemente sueca, en un ambiente tranquilo, elegante y acogedor del que el embajador de Suecia viene a disfrutar a veces.

 CERCLE SUÉDOIS
242, RUE DE RIVOLI - ESCALERA A - 2ª PLANTA
75001 PARIS

LUN-VIE: 12:00 – 14:30
MIÉ: 19:00 – 23:00
(velada jazz)

Con reserva previa
+33 1 42 60 76 67
restaurant@cercle-suedois.com

Metro: Concorde

Los miércoles por la noche puedes cenar escuchando a la banda de jazz (con reserva previa), pero tal vez prefieras quedarte en el bar donde el ambiente es deliciosamente retro y extravagante, tomando un cóctel o una copa de vino.

Fundado en 1891, el Cercle Suédois tiene una sala histórica abierta al público en la que Alfred Nobel, inventor de la dinamita, escribió su explosivo testamento el 27 de noviembre de 1895, origen del famoso premio Nobel.

# #
06

UN PASEO MÁGICO
AL FINAL DEL DÍA,
EN EL CORAZÓN DE PARÍS

Cuando acaba el día, el centro de París es el lugar soñado para vivir la magia de la ciudad durante un paseo hechizante.

Empezamos por los extraordinarios jardines del Palacio Real, que, rodeados de galerías llevan a unas preciosas *boutiques*, la quintaesencia de la elegancia parisina.

Toma una de las sillas que hay a tu disposición, siéntate alrededor del estanque central o en uno de los pequeños jardines cerrados y disfruta del momento. Observa el ir y venir de los parisinos y de los turistas que se han dado cuenta de que están un escenario excepcional.

Sal de los jardines y ve hacia el sur en dirección a la place Colette. Gira a la izquierda para tomar el Passage Richelieu que atraviesa el Louvre (no te pierdas los bonitos patios interiores del museo, visibles a través de un gran ventanal) y lleva hasta la pirámide. El precioso Café Marly, bajo las arcadas, es el lugar idóneo para tomar algo disfrutando de las vistas desde su galería exterior.

Sigue por la izquierda hacia el magnífico patio cuadrado cuya iluminación nocturna es realmente mágica. Detente un

© BENH SONG

instante al borde del estanque central para impregnarte de la magia del lugar, luego dirígete al Pont des Arts (peatonal).

Al otro lado del Sena, tienes dos opciones: tomar la rue Bonaparte para llegar a Saint-Germain-des-Prés y al famoso Café de Fiore o al no menos famoso Café des Deux Magots (más agradable para desayunar antes de las 10 de la mañana, sin multitudes), o continúa por el Sena a la izquierda para llegar a la punta de la isla de la Cité y a los muelles peatonales donde podrás sentarte a soñar a orillas del agua.

EL CINE, COMO EN
LOS VIEJOS TIEMPOS

¿Ya te has cansado de las salas de cine pequeñas? ¿Sientes nostalgia de la gran época del cine, cuando las salas albergaban de 2000 a 3000 espectadores o más, e ir al cine significaba ir a ver un espectáculo?

Entonces ve al Grand Rex, el último superviviente de esa época dorada del cine de la que quedan pocos testigos en el mundo. París tiene la suerte de tener uno. ¡No te lo pierdas!

Inaugurada en 1931, catalogada en 1981, la sala principal (la n.° 1, procura no ir a las otras salas, evidentemente) con capacidad para 2700 espectadores. En 1960, el cine estaba incluso más concurrido que el Museo del Louvre.

Además de la sala principal y de su decoración urbana «mediterráneo-antigua», con sus paredes de colores que recrean el ambiente *art déco* de las villas de la Costa Azul, no te pierdas (al contrario que la mayoría de los espectadores) los magníficos frescos que decoran los muros de las escaleras y los vestíbulos que dan a la sala principal.

 LE GRAND REX
1, BOULEVARD POISSONNIÈRE
75002 PARIS

legrandrex.com | Metro: Bonne-Nouvelle

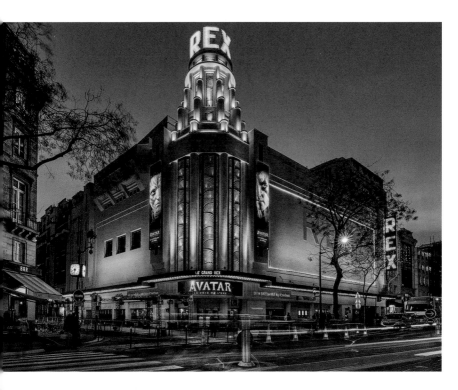

49

#08

DOS BISTRÓS
ELEGANTES PERFECTOS

Intenta no confundirlos si has quedado con alguna de tus amistades: tanto Chez Georges (distrito 2) como Le Bon Georges (distrito 9) tienen el buen gusto de ofrecer una cocina francesa clásica y de gran calidad (ambos con carnes excepcionales), en un entorno precioso y muy parisino. A algunos les parecerá un poco caro, pero los productos de calidad tienen un precio.

CHEZ GEORGES
1, RUE DU MAIL
75002 PARIS

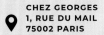

| LUN-VIE: comida y cena SÁB-DOM: cerrado | +33 1 42 60 07 11 | Metro: Bourse |

> **Chez Georges:** Lejos de las modas, Chez Georges atrae de vez en cuando a algunas celebridades, tentadas entre otras cosas por su delicioso *pavé du mail* (solomillo de ternera con salsa de mostaza, mantequilla, nata y coñac) por su decoración histórica, por su carta escrita a mano y por su enorme cuadro de la entrada, firmado por J.C. Mathon en 1961. En ocasiones, estás un poco demasiado cerca de las mesas vecinas, pero esto te permite a veces intercambiar algunas palabras con sus ocupantes. En verano, la terraza ocupa golosamente la Place des Petits-Pères.

> **Le Bon Georges:** Sorprendentemente poco conocido por muchos parisinos, Le Bon Georges es otro bistró de calidad, con un ambiente agradable y una fantástica carta de vinos. Para algunos, es incluso uno de los mejores bistrós de París.

© LE PHOTOGRAPHE DU DIMANCHE - GUILLAUME SAVARY

LE BON GEORGES
45, RUE SAINT-GEORGES
75009 PARIS

| LUN-DOM: comida y cena | +33 1 48 78 40 30 lebongeorges.paris | Metro: Saint-Georges |

© LE PHOTOGRAPHE DU DIMANCHE - GUILLAUME SAVARY

UN HOTEL ESTILO
PENSIÓN FAMILIAR
DEL SIGLO PASADO

Ubicado en pleno corazón del Barrio Latino, el Hotel des Grandes Écoles es una pequeña joya que se parece muchísimo a una pensión familiar del siglo pasado.

El gran portal que da a la calle no deja adivinar en absoluto lo que esconde detrás: una callejuela adoquinada flanqueada por encantadoras casitas de una planta, y todo dentro de un entorno verde como hay pocos en París. En los días soleados, desayunar en la terraza bajo los árboles es un verdadero placer.

El ligero inconveniente es que las habitaciones, preciosamente decoradas a la antigua, son pequeñas, pero no podemos pretender que un hotel de tres estrellas sea un palacio.

 HÔTEL DES GRANDES ÉCOLES
75, RUE DU CARDINAL LEMOINE
75005 PARIS

+33 1 43 26 79 23 | hoteldesgrandesecoles.com | Metro: Cardinal Lemoine

© PLINE

64

OBSERVAR
LAS ESTRELLAS
EN LA SORBONA

Es uno de los mayores secretos del centro de París. Dos noches a la semana, los lunes y los viernes, 5 afortunados pueden visitar el observatorio de la Sorbona para disfrutar de una velada única: en el corazón de París, observar la luna y la bóveda celeste, acompañados por un guía de la Sociedad Astronómica de Francia.

En un ambiente atemporal digno de *Tintín y la estrella misteriosa*, pasa una velada excepcional contemplando las estrellas.

Pero las entradas no son fáciles de conseguir para este momento mágico: permanece atento a la apertura de las reservas del mes siguiente a finales del mes anterior.

 OBSERVATORIO DE LA SORBONA
17, RUE DE LA SORBONNE
75005 PARIS

réservé

LUN y VIE: según la hora de la puesta de sol	boutique.saf-astronomie.fr/produit/visite-de-lobservatoire-de-la-sorbonne	Metro: Cluny-La Sorbonne

EL *CHIC*
FRANCÉS

¿No sabes por dónde empezar para elegir entre los miles de hoteles con encanto que tiene la capital francesa? ¿Buscas un hotel típicamente parisino, perfectamente situado (o sea, que no esté cerca de los Campos Elíseos) y que sea símbolo del *chic* francés?

Aquí te dejamos dos hoteles excepcionales:

> **Hôtel de l'Abbaye** (Saint-Germain-des-Prés, distrito 6), por su estilo clásico *chic* atemporal, su chimenea frente a la que tomar algo en invierno (reserva sitio en recepción), su pequeño jardín y la presencia invisible de antiguos clientes, como Marcello Mastroianni.

HÔTEL DE L'ABBAYE
10, RUE CASSETTE
75006 PARIS

+33 1 45 44 38 11 | hotelabbayeparis.com
reception@hotelabbayeparis.com | Metro: Saint-Sulpice

© FRANCK PRIGNET

> **Le Pavillon de la Reine** (Marais, distrito 3), que cuenta con la enorme ventaja de tener vistas a la magnífica place des Vosges. En invierno, en los salones de la entrada, el fuego crepita en la chimenea desde el desayuno hasta la cena (abierto a los clientes externos). En verano, tienes una terraza muy agradable en el patio interior, así como un pequeño y encantador *spa* subterráneo con jacuzzi y hamam.

LE PAVILLON DE LA REINE
28, PLACE DES VOSGES
75003 PARIS

+33 1 40 29 19 19

pavillon-de-la-reine.com
contact@pdlr.fr

Metro: Chemin Vert

© DAVID GRIMBERT

© JEROME GALLAND

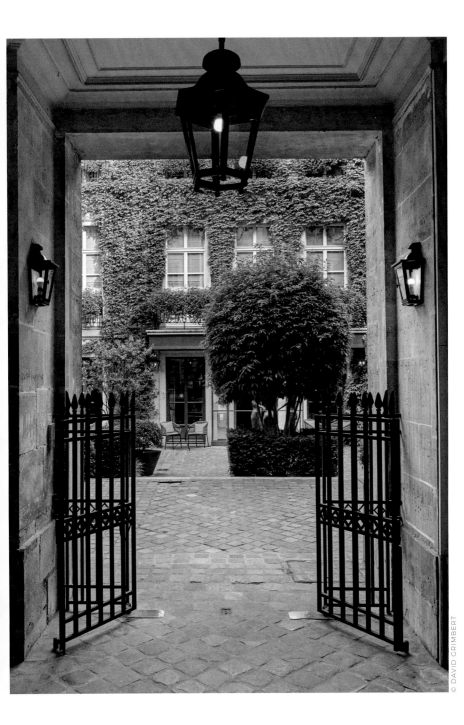

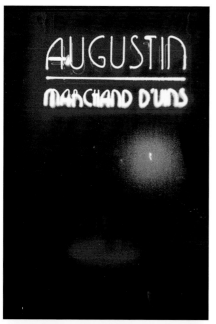

AUGUSTIN,
EL ARTISTA CULINARIO

Restaurantes como este se pueden contar con los dedos de una mano en París: más que un almuerzo o una cena, Augustin Marchand d'Vins, ofrece una auténtica experiencia en el sentido más noble de la palabra.

Antiguo residente de la Villa Médici, en Roma, en calidad de artista culinario, Augustin ha conservado de su estancia en Roma el gusto por la calidad y la puesta en escena: 4 noches a la semana (de jueves a domingo) ofrece a los comensales un único plato, que es una verdadera creación artística. Pero, cuidado, ¡no hay para todos!

En un marco extremadamente íntimo, esta cocina de calidad se ve realzada por un toque de fantasía que contribuye al encanto.

¡No te lo puedes perder!

AUGUSTIN MARCHAND D'VINS
26, RUE DES GRANDS AUGUSTINS
75006 PARIS

JUE-DOM: 17:00-22:00

+33 9 81 21 76 21
augustin75006@gmail.com
augustinmarchand.com

Metro: Odéon

TODA LA MAGIA
DE LA CAPITAL

A los parisinos, por no hablar de los turistas, no se les suele ocurrir entrar en la Escuela de Bellas Artes (École des beaux-arts). Es una lástima, ya que gracias a las numerosas exposiciones que acoge el recinto de la escuela, a menudo se puede visitar para disfrutar un rato en un ambiente inimitablemente romántico.

Gracias a las numerosas copias de obras célebres repartidas por la escuela, los trabajos de los alumnos de todas las épocas (recientes o no), la arquitectura ecléctica de los distintos edificios, el magnífico Palais des Études y el extraordinario claustro florentino del patio des Mûriers, podrás hacerte una idea de la magia de la capital.

No te pierdas la capilla del antiguo convento de los Petits-Augustins cuando esté abierta.

 ÉCOLE DES BEAUX-ARTS DE PARIS
14, RUE BONAPARTE
75006 PARIS

Abierto cuando hay exposiciones y eventos organizados como las Jornadas Europeas del Patrimonio (septiembre), las Jornadas Informativas (febrero) o los Talleres Abiertos (junio)	+33 1 47 03 50 74 beauxartsparis.fr	Metro : Saint-Germain-des-Prés

UN VERDADERO
GABINETE
DE CURIOSIDADES

Visitar este espacio como quien visita un museo de historia natural o un gabinete de curiosidades es una buena opción.

Otras personas van para darse un capricho: un león o una cebra disecados, un meteorito o un trozo de Marte que hará las veces de mesa de café. O, si tu presupuesto es menor, para una magnífica mariposa de alas azul celeste...

A menos que prefieras un oso polar, un cocodrilo, un escarabajo de colores tornasolados, una araña o, de manera más sensata, una prensa botánica o una de las célebres láminas educativas que tan famosa hicieron a la empresa a finales del siglo XIX.

Fundada en 1831 en un magnífico palacete construido entre 1697 y 1699, la venerable casa Deyrolle sigue siendo una referencia en Francia en materia de taxidermia y entomología.

DEYROLLE
46, RUE DU BAC
75007 PARIS

 &

LUN-SÁB: 10:00-19:00

+33 1 42 22 30 07
deyrolle.com

Metro: Rue du Bac

UN CRUCERO *CHIC*
POR EL SENA

¿Siempre has pensado que navegar por el Sena podría ser algo genial, pero que los *bateaux mouches*, con sus hordas de turistas y sus discursos pregrabados que emiten por megafonía, no son para ti?

Te entendemos.

En 2021, Le Bateau Français tuvo la brillante idea de ofrecer un crucero *chic* de 90 minutos con champán y todo lo necesario (como aperitivos) para disfrutar de un ambiente festivo o romántico, lo que prefieras. Todo ello, a bordo de un magnífico y lujoso barco de estilo retro de los años 1930, construido en La Rochelle, Francia.

📍 **LE BATEAU FRANÇAIS**

Mediados de enero - mediados de marzo: cerrado Hasta 8 personas	lebateaufrancais.com contact@lebateaufrancais.com	Muelles de embarque en el Louvre, el Museo d'Orsay, el Port des Champs-Élysées o en Saint-Germain-des-Prés

VISITAR LOS GRANDES MUSEOS PARISINOS
DE NOCHE

París, como otras muchas ciudades del mundo, sufre de exceso de turistas. Las multitudes, a veces poco respetuosas, que invaden los museos como el Louvre u Orsay, inevitablemente arruinan un poco la experiencia.

Así que, para ver el museo más bonito del mundo y algunas otras joyas parisinas, la solución está en visitarlos de noche.

El Louvre los viernes, Orsay los jueves: toda la magia de sus colecciones está ahí y la noche añade una capa extra de misterios, perfecto para una visita en solitario o para sentir la atmósfera de seducción.

Por no hablar de que, en cuanto se pone el sol, a veces ocurren cosas extrañas en los museos; como la historia que cuenta que un visitante se saltó el cordón de seguridad y se arrojó disimuladamente sobre una lápida babilónica para absorber su energía, durante un instante robado a la eternidad.

MUSEO DE ORSAY – Jueves hasta las 21:45

MUSEO DEL LOUVRE – Viernes hasta las 21:45

MUSEO DE ARTES Y OFICIOS – Viernes hasta las 21:00

MUSEO DE ARTE MODERNO – Jueves hasta las 21:30
con exposiciones temporales

BOLSA DE COMERCIO – Viernes hasta las 21:00

MUSEO DE LAS ARTES DECORATIVAS – Jueves hasta las 21:00

DOS *SUITES* EXCEPCIONALES
EN EL CORAZÓN DE PARÍS

¿Te aburren las habitaciones estándar en hoteles de lujo que son iguales en París, Tokio o Nueva York? ¿Te gusta alojarte en lugares excepcionales donde cada detalle está pensado con gusto y refinamiento? ¿Tienes un presupuesto alto, pero gastas tu dinero con inteligencia? No busques más: las dos *suites* Cinabre son para ti.

Situadas encima de la tienda del mismo nombre, especializada en accesorios para hombre (batas, zapatillas, corbatas...), estas dos *suites* son una verdadera celebración del arte de vivir parisino y de la artesanía francesa. Estas habitaciones

LES SUITES CINABRE
14, CITÉ BERGÈRE
75009 PARIS

+33 6 76 05 07 09   suitescinabre.com   Metro: Grands Boulevards

excepcionales, de unos 80 metros cuadrados cada una, tienen en común el hecho de ser las únicas en Francia en las
que puedes dormir sobre los famosos colchones Hästens,
considerados por muchos como los mejores del mundo.

Ropa de cama excepcional, licores exclusivos en el bar, toca-
discos en las habitaciones, cosméticos de alta gama... te sen-
tirás como en un sueño.

Aunque el edificio y la calle en sí no son ideales, el barrio,
muy céntrico, está lleno de excelentes bares y restaurantes
situados a pocos minutos a pie.

LOS MUSEOS
MÁS BONITOS
Y MENOS CONOCIDOS

París tiene algunos de los museos más bonitos del mundo, pero es mejor evitar el Louvre o el Orsay durante el día ya que están abarrotados de turistas. Una solución, sin tener que esperar a la noche (ver página 84) es visitar los museos parisinos más pequeños que no atraen a las multitudes. Algunos son absolutamente magníficos y garantizan una visita auténtica, fuera de los circuitos turísticos.

Nuestros favoritos: el museo Gustave Moreau (distrito 9) por su ambiente y su excepcional escalera, el museo Nissim de Camondo (distrito 8) por la belleza de su mansión, sus colecciones del siglo XIX y sus cocinas históricas, el museo Bourdelle (distrito 15) por su magnífico taller y sus esculturas diseminadas por el jardín, y el museo Henner (distrito 17).

En el museo Nissim de Camondo, disfruta del restaurante ubicado en el hermoso patio interior, adyacente al museo.

 MUSEO GUSTAVE MOREAU
14, RUE CATHERINE DE LA ROCHEFOUCAULD
75009 PARIS

LUN: 10:00 – 12:30 / 14:30 – 18:00 MAR: cerrado MIE-DOM: 10:00 – 12:30 / 14:30 – 18:00	+33 1 83 62 78 72 musee-moreau.fr	Metro: Trinité - d'Estienne d'Orves

MUSEO NISSIM DE CAMONDO
63, RUE DE MONCEAU
75008 PARIS

LUN-MAR: cerrado
MIE-DOM: 10:00 – 17:30

+33 1 53 89 06 50
madparis.fr/Musee-Nissim-de-Camondo-125

Metro: Villiers

© HARTL-MEYER

© HARTL-MEYER

MUSEO NACIONAL JEAN-JACQUES HENNER
43, AVENUE DE VILLIERS
75017 PARIS

LUN: 11:00-18:00
MAR: cerrado
MIE-DOM: 11:00-18:00

+33 1 83 62 56 17
musee-henner.fr

Metro: Malesherbes

MUSEO BOURDELLE
18, RUE ANTOINE BOURDELLE
75015 PARIS

LUN: cerrado
MAR-DOM: 10:00 – 18:00

+33 1 49 54 73 73
bourdelle.paris.fr

Metro: Montparnasse - Bienvenüe

97

UNA MARAVILLA ARQUITECTÓNICA
DESCONOCIDA

¿Acabas de salir de los grandes almacenes parisinos y necesitas un poco de tranquilidad después de que te hayan zarandeado hordas de turistas? ¿O simplemente estás en el barrio de la Ópera sin tener ni la más remota idea de que a la vuelta de la esquina se esconde una joya arquitectónica? A pocos pasos, en el boulevard Haussmann, se encuentra uno de los mayores secretos de París: la sede central histórica del banco Société Générale, fundado en 1912.

Cuando el banco esté abierto (porque la sede sigue abierta y recibe a muchos clientes), entra tranquilamente para admirar el espectacular mostrador circular (el «queso») situado bajo una enorme cúpula de vidrio de estructura metálica (de 24 metros de diámetro) diseñada por Jacques Galland.

Los magníficos suelos de mosaico son obra de Gentil y Bourdet, de Boulogne-Billancourt. En el sótano, echa un vistazo a la puerta principal de la cámara acorazada (18 toneladas, con un blindaje de 40 centímetros de grosor).

Sé discreto, ya que es ante todo un lugar de trabajo.

 SEDE CENTRAL HISTÓRICA DE LA SOCIÉTÉ GÉNÉRALE
29, BOULEVARD HAUSSMANN
75009 PARIS

| LUN-MAR: 9:00 – 17:30 MIE: 9:00-10:00 /11:00-17:30 JUE-VIE: 9:00 – 17:30 DOM: cerrado | Abierto también durante las Jornadas del Patrimonio | Metro: Chaussée d'Antin - La Fayette |

COMO LA PLACE DES VOSGES,
SIN COCHES
NI AGLOMERACIONES...

Si quieres escapar del ruido y del bullicio de la capital, existe un lugar sublime e insospechado en el distrito 10, perfecto para un descanso.

De hecho, para algunos el magnífico patio interior del hospital Saint-Louis es como la place des Vosges..., pero sin coches ni aglomeraciones. Así se ponen de manifiesto el encanto y la belleza de este lugar. Clasificado como monumento histórico, el hospital se construyó durante la gran epidemia de peste de 1562, que causó más de 68 000 muertes en la capital.

Los parterres del centro del césped se diseñaron para reproducir una cruz de Malta. La orden de Malta (hoy una orden hospitalaria) ocupa un pabellón del hospital.

 EL PATIO CUADRADO DEL HOSPITAL SAINT-LOUIS
40, RUE BICHAT Y 1, AVENUE CLAUDE VELLEFAUX
75010 PARIS

LUN-DOM: 8:00-18:00	+33 1 42 49 49 49	Metro: Goncourt o Jacques Bonsergent

UN BISTRÓ
DE TENDENCIA

Nos gusta todo en Billili: la decoración (sencilla y con gusto), la comida (excelente, uno o dos platos principales, pero sobre todo tapas), el ambiente (animado y alegre), el servicio (amable), los precios (muy razonables) y también el hecho de que no acepten reservas. Dejando a un lado el claro inconveniente de no poder asegurarte una mesa para cenar (es más fácil encontrar mesa para almorzar), esto permite que puedas improvisar tu almuerzo o cena, a diferencia de la mayoría de los (buenos) restaurantes de la capital. ¡Viva la espontaneidad!

Evidentemente, para cenar, hay que llegar pronto (¿19:30?) para conseguir una mesa sin tener que esperar hasta las 22:00... Para quienes prefieran asegurarse una mesa, Les Arlots, justo al lado, tiene el mismo propietario, el mismo chef y obviamente una cocina de (muy buena) calidad, aunque el ambiente es más tranquilo.

 BILLILI
136, RUE DU FAUBOURG POISSONNIÈRE
75010 PARIS

| MAR-SÁB:
12:00 – 15:00
18:30 – 22:30 | No se admiten reservas | Metro: Poissonnière, Gare-du-Nord
o Barbès-Rochechouart |

BILLILI

© DAN ASSAYAG

BILLILI

© DAN ASSAYAG

LES ARLOTS
136, RUE DU FAUBOURG POISSONNIÈRE
75010 PARIS

réservé

| MAR-SÁB:
12:00 – 14:00
19:30 – 22:00 | Reserva previa: +33 1 42 82 92 01 | Metro: Poissonnière, Gare-du-Nord
o Barbès-Rochechouart |

UNA DE LAS SORPRESAS ARQUITECTÓNICAS MÁS HERMOSAS
DE LA CAPITAL

El Palacio de la Porte-Dorée, muy apartado de los recorridos turísticos, es, sin embargo, una de las sorpresas arquitectónicas más hermosas de la capital.

Además del inmenso bajorrelieve que decora toda la fachada exterior, no puedes perderte el vestíbulo central (también llamado Fórum), adornado con unos excepcionales frescos de Pierre-Henri Ducos de la Haille de temática colonial. La combinación de frescos con el suelo de mosaico igualmente magnífico crea un conjunto realmente espectacular.

 PALACIO DE LA PORTE-DORÉE
293, AVENUE DAUMESNIL
75012 PARIS

| MAR-VIE: 10:00-17:30 SÁB-DOM: 10:00-19:00 LUN: cerrado | + 33 1 53 59 58 60 Visita de la sala central y un vistazo a los dos vestíbulos ovalados: gratis | Metro: Porte Dorée |

Construido por el arquitecto francés Albert Laprade para la Exposición colonial internacional de 1931, el Palacio de la Porte-Dorée cuenta también con dos hermosos salones ovales *art decó* a ambos lados de la entrada del edificio. Antaño fueron los despachos del ministro de las Colonias Hubert Lyautey.

UN HELADO
DIFERENTE

Fundada en 1976, La Tropicale Glacier es una heladería realmente única en París. Este bonito establecimiento, situado en la esquina entre la rue Prague y la rue Emilio Castelar, a diez minutos andando de la Gare de Lyon, está, sin duda, fuera de los circuitos turísticos habituales: mango, pétalo de guindilla, cúrcuma, pomelo, calabaza, naranja, cacao, güisqui ahumado... Están muy lejos de la fresa o de la vainilla, aunque esta última, sea, supuestamente, originaria de Madagascar...

En la tienda, los sabores cambian con frecuencia según la temporada y siempre se elaboran con los mejores productos, suministrados por productores excepcionales, que apuestan por el comercio justo, salarios dignos e ingredientes y productos de proximidad.

Y, además, el personal es encantador.

 LA TROPICALE GLACIER
7, RUE DE PRAGUE
75012 PARIS

+33 1 42 16 87 27
latropicaleglacier.com
Metro: Ledru-Rollin

LA TROPICALE GLACIER
180, BVD VINCENT AURIOL
75013 PARIS

+33 9 83 81 41 29
latropicaleglacier.com
Metro: Place d'Italie

LA TROPI CALE GLACIER

¿EL RESTAURANTE MÁS BONITO
DEL MUNDO?

Construido con motivo de la Exposición Universal de París de 1900, el Train Bleu es probablemente el restaurante más bonito de París, por no decir del mundo. Decorado con pinturas que representan los diferentes destinos de los trenes que salen de la Gare de Lyon, el restaurante está dentro de la propia estación, en la primera planta frente a los andenes principales.

Curiosamente, muchos parisinos no lo conocen, y menos aún los turistas. Sin embargo, la fascinación que despierta explica por qué algunos clientes habituales van y vuelven en tren en el día desde Dijon o Lyon solo para comer aquí...

La cocina francesa, muy tradicional, es correcta y los precios, demasiado caros para la calidad que ofrecen, pero uno no viene aquí por eso. Disfruta del ambiente, admira la decoración y pasarás un rato fantástico que justifica ampliamente llegar con tiempo si vas a coger un tren por la tarde o por la noche.

 **LE TRAIN BLEU
1.ª PLANTA EN LA GARE DE LYON
PLACE LOUIS ARMAND, VESTÍBULO 1
75012 PARIS**

+ 33 1 43 43 09 06 le-train-bleu.com	Es imprescindible reservar	Metro y RER: Gare-de-Lyon

Si te gustan los ambientes de las brasseries elegantes, Le Grand Colbert, cerca del Palais-Royal (distrito 1), es otro magnífico restaurante (sin las pinturas de 1900) con una calidad superior y unos precios más razonables.

LE GRAND COLBERT
2, RUE VIVIENNE
75002 PARIS

+33 1 42 86 87 88
legrandcolbert.fr

Metro: Bourse

EL RESTAURANTE FAVORITO
DE MUCHOS *FOODIES* PARISINOS

El Café Les Deux Gares, el restaurante favorito de muchos *foodies* parisinos, lo tiene todo: un servicio amable, productos y cocina de calidad, precios razonables, una terraza soleada muy bonita y apartada del bullicio de la calle, una decoración interior de neobistró muy lograda con encanto retro…

De ambiente de lo más agradable, se encuentra justo encima de la Gare de l'Est, a pocos pasos de la Gare du Nord, de ahí su nombre. Es el sitio perfecto para tomar algo antes de coger el tren a Estrasburgo, Lille, Bruselas o Londres.

 CAFÉ LES DEUX GARES
1, RUE DES DEUX GARES
75010 PARIS

LUN-VIE: 9:00-24:00
SÁB: 10:00-24:00
DOM: cerrado

+33 1 40 38 17 05
hoteldeuxgares.com/fr/cafe.html

Metro: Gare de l'Est

LA TIENDA
DE SEGUNDA MANO
MÁS COOL DE PARÍS

Pénitencier des Sales Voleurs: la fachada marca la pauta...

Al igual que ocurre en los distritos 20 o 5, Les Sales Voleurs es una tienda de segunda mano con una decoración bastante loca (cárcel, banco o cueva, según el lugar) donde puedes encontrar ropa cuyo precio cambia cada día.

Todas las prendas se renuevan los viernes y domingos por lo que son los días en que los precios son más caros, pero también en los que la oferta es más amplia.

Para conseguir verdaderas gangas, ve los jueves: todo está a 0,92 €.

 FRIPERIES LES SALES VOLEURS 📍 285, RUE DE VAUGIRARD 75015 PARIS	📍 42, RUE MONGE 75005 PARIS	 📍 31, RUE D'AVRON 75020 PARIS
LUN-DOM: 10:00-19:00 Metro: Vaugirard	LUN-DOM: 10:00-19:00 Metro: Cardinal Lemoine	LUN-DOM: 10:00-19:00 Metro: Buzenval

UN BAR ACOGEDOR
CON ENCANTO
BRITÁNICO

Dentro del magnífico hotel Saint-James, el bar de la biblioteca es una pequeña joya llena de encanto y elegancia que muchos parisinos ni siquiera conocen, puesto que creen que es un club privado. Sin embargo, el bar está abierto al público por la tarde a partir de las 19:00 horas

Suelos de madera, alfombras antiguas, cómodos sillones de cuero o terciopelo, techo artesonado, librería y escalera de caracol a un lado, y al otro lado ventanales con vistas al jardín. La decoración de este bar de ambiente silencioso y típicamente británico roza la perfección.

El ambiente íntimo es perfecto para una cita romántica. Y si todo va según lo previsto, siempre puedes reservar una habitación en el hotel para completar la velada...

El lugar también es ideal para leer con tranquilidad. En verano, puedes disfrutar de una copa en el agradable jardín y de alguno de los platos que ofrece la carta.

 EL BAR BIBLIOTECA DEL HOTEL SAINT-JAMES
5, PLACE DU CHANCELIER ADENAUER
75116 PARIS

LUN-DOM: 8:30 – 00:00 para los socios y clientes del hotel LUN-DOM: 19:00 – 00:00 para el público en general	+33 1 44 05 81 81 contact@saint-james-paris.com	Metro: Porte Dauphine

SENTIR EL ALMA SAGRADA
DE PARÍS

Francia es la hija primogénita de la Iglesia católica, y París es su capital (ver la guía *París insólita y secreta* de la misma editorial para descubrir la razón).

Para tocar de cerca el alma sagrada de la ciudad, una de las experiencias más espirituales es la adoración perpetua en la basílica del Sagrado Corazón (Sacré-Cœur) de Montmartre. 24 horas al día, ininterrumpidamente desde el 1 de agosto de 1885 (incluso durante las dos guerras mundiales y la pandemia de la Covid), la gente reza en la basílica. Día y noche. Y está abierta a todo el mundo.

¿Cómo acceder? Reserva tu plaza por teléfono o rellena el formulario en su web, o incluso en la propia basílica (a veces el mismo día) y elige una opción entre dormitorio, habitación individual o habitación compartida (con precios muy razonables las tres). El mismo día, ve a la recepción del hospedaje antes de las 21:30 y solicita la inscripción al menos en una de las franjas horarias de una hora, entre las 23:00 y las 7:00.

**ADORACIÓN PERPETUA EN LA BASÍLICA
DEL SAGRADO CORAZÓN**
35, RUE DU CHEVALIER DE LA BARRE
75018 PARIS

+33 1 53 41 89 00

sacre-coeur-montmartre.com/
hotellerie-et-groupes/
lhotellerie-de-la-basilique/
participer-a-une-nuit-dadoration

Metro: Abbesses

A las 22:00 hay una misa abierta al público. A las 23:00, cuando cierra la basílica, se quedan quienes se han apuntado a la adoración perpetua.

Comienza entonces la noche de oración ante el Santísimo Sacramento, en un ambiente de fe, fervor y verdadera contemplación. Puedes quedarte más tiempo del previsto, descansar en tu habitación si te invade el cansancio, volver más tarde o pasear a solas (en silencio, por supuesto) por la basílica sumida en la penumbra.

Es algo mágico para los católicos, pero no solo para ellos: no te preguntan en la recepción. Católicos, cristianos y creyentes de otras religiones, todos son bienvenidos a pasar parte de la noche meditando y compartiendo una experiencia extraordinaria.

Al filo del amanecer, cuando sales de la basílica, te sientes extrañamente bien.

#29

UN DÍA
EN MONTMARTRE
SIN MULTITUDES

Montmartre es probablemente nuestro barrio favorito de París, pero por desgracia está abarrotado de gente casi todo el año.

Aquí te damos un pequeño itinerario alternativo para que te libres de las aglomeraciones de la place du Tertre (a evitar a toda costa) o del Sacré-Cœur y de paso conozcas la parte más auténtica del barrio, que aún frecuentan los parisinos.

Sal en el metro Lamarck-Caulaincourt, sube las escaleras, gira a la derecha y cruza para tomar la avenue Junot, una de las más bonitas de París. En el n.º 15, la casa Tzara (1926, arquitecto Adolf Loos). En el n.º 23, la Villa Léandre, con sus preciosas casas bajas de ladrillo de estilo anglonormando, cubiertas de plantas trepadoras. Al final de la avenida, fíjate en el portal n.º 4 que reproduce las aspas de un molino, como recuerdo del paso por la colina.

En el n.º 21, el passage Lepic-Junot, en el corazón del antiguo maquis de Montmartre, está cerrado con una verja. Hay dos opciones: llamar al interfono de la pista de petanca para jugar una auténtica partida de petanca o tomar algo en el puesto de bebidas, o llamar al interfono del Hôtel Particulier (ver página 134) para tomar o comer algo (a partir del desayuno).

Volviendo sobre tus pasos, el n.º 1 de la avenue Junot alberga una de las residencias privadas más bellas de todo París. Si por algún milagro la puerta se abre estando tú y sale un residente, pídele amablemente entrar para poder admirar este increíble lugar donde las vides crecen y los conejos saltan, a los pies del molino de la Galette. Efectivamente, a tu izquierda, verás este molino, uno de los últimos molinos parisinos junto con el molino Radet (aunque este ya no está en su emplazamiento original).

Subiendo por la avenida a la izquierda, vuelve tras desviarte en el n.º 11 de la avenue Junot para ver desde fuera el Hameau des Artistes que une la avenue Junot con la rue Lepic (n.º 75) y que suele estar cerrado con una cerradura electrónica.

Retrocede hacia el principio de la avenue Junot y de la place Marcel-Aymé que esconde una divertida escultura, el Passe-Muraille (el «Pasamuros»), colocada aquí en honor a la novela homónima del escritor.

Al bajar por la rue de l'Abreuvoir, a la derecha, hay varias casas y talleres de artistas en un gran parque silvestre. Una especie de Villa Médici parisina, el lugar recibe durante un año a artistas extranjeros, a los que ofrece talleres privados de 60 a 100 m² a cambio de un modesto alquiler. Justo debajo, la place Dalida ofrece magníficas vistas del Sacré-Cœur, probablemente las más pintorescas de todo París.

Hay quien dice que tocar los senos de la cantante Dalida trae suerte. Admira la belleza de Dalida y sube a la derecha hacia las viñas, y sube a la derecha hacia las viñas. El metro está cerca.

N.B.: Las puertas del n.º 45 de la rue Lepic se abren sorpresivamente a una calle interior que alberga talleres de artistas y artesanos.

En la colina, en el corazón de este itinerario, hay un café poco conocido y parada perfecta lejos de las multitudes. Les 5 marches ofrece en un bonito entorno unos platos sencillos y deliciosos para almorzar.

 LES 5 MARCHES
12, RUE GIRARDON
75018 PARIS

LUN y MAR: 10:00 – 15:00		
MIE-VIE: 10:00 - 17:00	5marches-montmartre.com	Metro: Lamarck-Caulaincourt
SAB y DOM: 10:00 - 18:00		

UN HOTEL DE LUJO
DE AMBIENTE CAMPESTRE

Escondido en el corazón del rincón más bonito de Montmartre, el Hôtel Particulier es una auténtica joya: habitaciones lujosas y confortables decoradas con un gusto exquisito, un jardín donde desayunar (o más) cuando hace buen tiempo y un ambiente romántico con un encanto extraordinario.

El hotel solo tiene cinco suites, todas diferentes y magníficas, cada una en su estilo.

Si no te puedes permitir pasar una noche aquí, disfruta del restaurante, abierto al público, para acceder a este lugar privilegiado en uno de los barrios más encantadores de la ciudad, si no el más encantador.

Date ese gusto.

 L'HÔTEL PARTICULIER
23, AVENUE JUNOT, PAVILLON D
75018 PARIS

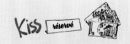

+33 1 53 41 81 40 | hotelparticulier.com | Metro: Lamarck-Caulaincourt

GRACIAS

Florence Amiel, Dan Assayag, Mathilde Bargibant, Émilie de Beaumont, Kees & Aude van Beek, Emmanuel Bérard, Florent Billioud, Antoine Blachez, Philippe Bonfils, Ghislaine Bouchet, Jean-Claude Boulliard, Pierrick Bourgault, Louis-Marie Bourgeois, Jean-Baptiste Bourgeois, Marie & Brandino Brandolini, Jean-Laurent Cassely, Philippe Darmayan, Stéphane & Géraldine Decaux, Simon Edelstein, Vincent Formery, Servane & Giovanni Giol, Philippe Gloaguen, Amaël Gohier, Azmina Goulamaly, Alexandre Guérin, Ines Guérin, Patrick Haas, Elvire Haberman, Catherine Ivanichtchenko, Antoine Jonglez, Aurélie Jonglez, Louis Jonglez, Romaine Jonglez, Stéphanie & Guillaume Jonglez, Timothée & Delphine Jonglez, Benoît de Larouzière, Xavier & Sophie Lièvre, Clémence Mathé, Olivier & Valérie de Panafieu, Marianne & Fabrice Perreau-Saussine, Hélène Poulit, Alireza Razavi, Valérie Renaud, Stéphanie Rivoal, Dominique Roger, Béatrice & Pierre Rosenberg, Bertrand Saint Guilhem, Hervé Schlosser, Damien Seyrieix, François Simon, Ambroise Tézenas, Victoire & Olivier de Trogoff, Marie-Christine Valla, Delphine Valluet, Henri & Natacha Villeroy, Ézechiel Zerah.

Un agradecimiento especial a Fany Péchiodat por el concepto de esta colección.

Este libro ha visto la luz gracias a:

Thomas Jonglez, autor

Emmanuelle Willard Toulemonde, maquetación

Carmen Moya, revisión de textos

Lourdes Pozo, corrección de textos

Roberto Sassi, responsable de edición

Escríbenos a info@editorialjonglez.com

Síguenos en Instagram @editorialjonglez

En la collección "30 experiencias"

Ámsterdam

Barcelona

Kioto

Soul of Atenas

Soul of Berlín

Lisboa

Soul of Los Ángeles

Soul of Marrakech

Soul of Nueva York

Soul of Roma

Soul of Tokyo

Soul of Venecia

Foto de portada: © Bastien Nvs - Unsplash

4ª portada diseñada por Freepik

© JONGLEZ 2024
Depósito legal: Junio 2024 - Edición: 01
ISBN: 978-2-36195-762-9
Impreso en Slovaquia por Polygraf